Made in the USA
Las Vegas, NV
18 September 2021

30575109R00057